I0407716

Ajoute-moi en ami, Tome 2

Cette-fois, elle va le connaître...

Tous les personnages (noms, surnoms, descriptions,
fonctions, etc....) mis en scène dans cet ouvrage sont
entièrement fictifs. Toute ressemblance avec des
personnes existantes ou disparues ne peut être que
pure coïncidence.

Chapitre 1 : La fin du cauchemar

3 Mars 2015 : 4 ans plus 3 mois de préventive. C'est sa durée de détention jusqu'à ce jour. Sébastien Rizon se retrouve enfin libre, mais détruit. vu son état dépressif, les remords sincères de son geste virtuel et sa conduite exemplaires, le juge a décidé de le laisser sortir alors qu'il n'a même pas fait la moitié de sa peine qui était fixée à 10 ans.

Il y a 4 ans, il avait parlé de sa rencontre dans le parloir avec Élodie à son avocat Maître Villepard, qui déjà à l'époque doutait fort de la version de son client et lui avait conseillé de garder ça pour lui car sa parole ne vaut rien. En effet, il n'a aucune preuve pour étayer ses dires. De plus, il n'a pas assez d'argent pour engager un détective privé et la retrouver pour prouver sa manipulation.
Maintenant sorti, il ne peut en parler à personne, et risquerait d'être attaqué pour diffamation.

D'ailleurs, Il lui est interdit par la justice d'écrire un ouvrage sur l'affaire, de parler à la presse, et de rentrer en contact avec la famille d'Élodie Grévin, ni même de rentrer en contact avec Laurent Ournez, celui qui avait envoyé la photo dénudée d'Élodie à Sébastien. En effet la justice craint une vengeance de celui-ci.

Pourtant Laurent Ournez n'a rien à se reprocher puisqu'il lui avait bien demandé de garder cette photo personnelle pour lui. Il n'avait donc aucune mauvaise intention. Sébastien est seul coupable de ces actes virtuels..

Excepté son avocat, il n'a parlé à personne de sa rencontre au parloir avec Élodie, ni même à son psychologue. Il va donc devoir vivre avec cette injustice. Il a perdu l'espoir d'être blanchi, mais se promet de faire des recherches et faire justice lui-même si un jour il arrive à être à l'aise financièrement. Mais pour le moment, il essaye de reprendre une vie normale. Il travaille maintenant en solitaire en distribuant des journaux locaux dans les boîtes aux lettres. Il n'a plus envie d'aborder les femmes, il s'est davantage renfermé sur lui-même, il est dégouté et ne fait même pas attention aux personnes qui l'insultent encore dans la rue suite à l'affaire qui a été très médiatisée.

Chapitre 2 : La nouvelle vie d'Élodie

Au même moment, à des milliers de kilomètres de Bandol, Élodie Grévin qui a maintenant 28 ans, a changé d'identité, de coupe et de couleur de cheveux, elle est devenue brune, cheveux courts avec un chignon. Elle grossit régulièrement les traits de son maquillage pour se donner un nouveau visage et passer inaperçue. Elle s'appelle maintenant Alexandra Gatour. Elle vit en couple en Polynésie Française, se cachant dans l'archipel des Gambiers avec Fred, un chef d'entreprise, musclé et tatoué un peu partout. Ça donne un genre et ça la rassure. Elle aime ce style d'homme sûr de lui qu'il a abordé avec assurance dans l'avion l'a menant à sa nouvelle destination. Elle ne sait même pas préoccuper de son dernier petit ami à Bandol, à qui elle a laissé croire lui aussi, à sa disparition tragique. Dans son petit appartement, elle est devenue blogueuse de mode et passe la plupart de son temps à se prélasser sur les plages. Elle profite des kilomètres à perte de vue de sable blanc, sans mégots de cigarette comme à Bandol, puis cette eau transparente mêlée de bleus azurs et turquoises abritants un monde sous-marin aux couleurs vues nul par ailleurs. Sa vie familiale et professionelle lui pesant en France s'est enfin arrêtée pour elle. Elle avait toujours rêvé secrètement de cette nouvelle vie loin de tout et se faire entretenir par un homme riche et admiratif.

Il y a 4 ans, avant de partir se faire la malle, elle avait confié son faux suicide à une seule amie : Bérénice Delou, 28 ans. Une amie d'enfance, connue au collège. Elles ont tout partagé ensemble :les petits amis, les confidences, les soirées.. elles ont fait comme ont dit les 400 coups. Elle est très belle aussi, peut-être même plus qu'Élodie. C'est une grande brune aux cheveux longs, yeux bleus hypnotisants, rouge à lèvres très marqué, un corps de sirène lui permettant de mettre en valeur les plus beaux tailleurs et autres décolletés. Une femme fatale qui ferait fondre n'importe quels garçons. Mais quand on l'entend parler avec Élodie, sa beauté est gâchée par ces propos vulgaires et son mépris pour les hommes qu'elle utilisent comme un passe-temps passager.

Bien sûr, elle aussi profite de ses avantages physiques et ne garde pas un mec plus de 3 mois au grand maximum. Celle-ci lui rapporte les actualités de ce qui se passe en France et sur Bandol, et lui a donc informé que Sébastien Rizon est déja sorti de prison pour bonne conduite. Pour Élodie, c'est la douche froide. Il n'a même pas effectué la moitié de sa peine, c'est insuffisant. Pour elle, il n'a pas assez payé pour ce qu'il lui a fait. Et puis elle se dit : « mais alors ma mort ne vaudrait que 4 ans de prison ? »

Même si le temps a passé, elle n'a toujours pas digéré que sa photo intime prise dans une soirée arrosée a été vue par son père. Même si elle s'est servie de ce prétexte pour maquiller son départ et organiser sa nouvelle vie, elle se sent toujours salie, et puis elle avait espéré devenir mannequin. Cette supercherie l'a fait redescendre de son piédestal et pour finir le dernier message haineux sur son physique que lui avait envoyé Sébastien sans pouvoir y répondre car il l'avait bloquée juste après, et ça, elle ne l'a pas supporté. Elle n'a jamais connue le sentiment d'être frustrée et moquée de cette façon.

Elle va donc chercher un stratagème pour le nuire à nouveau, et rentrer en contact avec lui sur Facebook. Son but : le faire retourner en prison pour qu'il y reste de façon définitive et ne prendre comme ça aucun risque d'être retrouvée un jour. Pour cela, elle va faire rentrer son amie Bérénice dans un plan pervers des plus ignobles..

Chapitre 3 : Un plan mystérieux

5 Mars 2015 : 20h : Élodie téléphone à son amie Bérénice :

- « allo Bérénice, comment tu vas ma poulette ? »

- « oui, et toi alors tu m'as dit hier que tu cherchais

un plan pour anéantir l'autre bâtard ? »

- « oui, faut que je lui parle par Facebook, et c'est à moi de le faire. C'est un contentieux très personnel que je veux régler moi-même, j'aurais évidemment besoin de toi pour la partie réelle. En attendant il faut que tu te crées un autre compte, car si je lui parle avec ton profil actuel, il va contacter tes amis pour avoir des infos, moi il m'a déjà fait le coup avec ton ex-connard que je n'aurais jamais dû accepter en ami! »

- « lequel ? »

- « Lourent Ournez, c'est lui qui avait envoyé notre photo ensemble où on se tripotait ! tu te souviens la soirée, quand on avait fêté tes 20 ans, je te l'avais dit dans la lettre envoyée à l'époque ».

- « ah oui c'est vrai ! Je sais plus où je l'ai mise d'ailleurs, mais ça date de 5 ans ! Il est périmé ce con ! Je l'ai banni, en déménageant direct de chez lui quand tu m'avais appris ça. Faut vraiment être tordu pour avoir gardé cette photo dans son ordi et l'envoyer à un inconnu ! »

- « bref c'est du passé, donc pour ta nouvelle page Facebook, ne fais pas ça à la va-vite, tu mets tes plus belles photos pour bien l'appâter, mais il faut surtout que tu es beaucoup d'amis dessus pour faire crédible sinon ça fait fake, et brouteur de Côte d'Ivoire. »

- « t'inquiètes, j'ai même pas besoin de claquer des doigts, j'ai tous les blaireaux à mes pieds, je suis obligée de refuser 100 demandes d'amis par jour, alors rassures toi, je vais en avoir des amis ! »

- « ha ha !!! arrête j'ai failli m'étouffer de rire ! c'est vrai que pour tous ces morts de faim, Facebook c'est devenu le minitel rose ! »

- « donc quand tu as crée le profil, tu m'appelles pour me filer tes mots de passe, moi je prends ta place pour le manipuler à ma guise, je te ferai un rapport de nos discussions, et quand je le sentirais tu passeras à l'attaque, on va se partager un beau pactole ma cocotte !! »

- « comment ça un pactole ? on va le dépouiller ? »

- « je t'en dirai plus par la suite.. »

- « ok, mais imagine si il ne te répond pas sur Facebook ? »

- « il a passé 4 ans en taule, je peux te dire que son poireau doit être gonflé à bloc ! il va vite accepter ma demande d'ami le frustré ! Après j'en ferai ce que j'en veux, compte sur moi il va vite retourner en cabane ! »

Elle ne demande même pas à son amie des nouvelles de sa famille, en effet elle n'a jamais été proche de celle-ci, elle est d'un tempérament égoïste, et d'avoir une famille était plus une contrainte qu'autre chose, elle voulait vivre sa vie ailleurs. Sa dureté et sa radicalité est la même avec les hommes et elle va faire regretter à Sébastien Rizon d'être entré dans sa vie privée. Même si il n'y est pour rien finalement puisque c'est elle qui n'est pas aller dans les paramètres de Facebook pour faire en sorte de protéger son intimité.. D'ailleurs ce n'est toujours pas fait...

Dès le lendemain Bérénice s'exécute et va sur son profil Facebook où dans son statut trône la publication avec ce titre provocateur : « je suis une princesse et je vous emmerde ». Ça donne le ton sur sa modestie...mais derrière son paraître se cache en fait une fille fragile, une faible personnalité qui veut faire « genre » pour être dans le vent actuel. Un tempérament influencable qui se laisse facilement entraîner comme le disait son ex-petit ami Laurent Ournez. Le caractère dominant d'Élodie permet à celle-ci de manipuler Bérénice comme un pantin à distance..

Cette dernière s'apprête à faire des copier-coller de ses plus belle photos pour préparer son faux compte Facebook. Un profil « poubelle » où aucun membre de sa famille, ni ses vrais amis ne pourront avoir accès.

Chapitre 4 : L'approche perverse

Ce 8 Mars 2015. Élodie a pris les mots de passe Facebook de son amie Bérénice, inspecte son profil dans les moindres détails pour voir si elle a bien fait les choses, et va maintenant se faire passer pour elle, puis agir exactement comme Sébastien l'a fait il y a maintenant 5 ans : Elle va lui écrire sur Facebook et l'inviter en ami, sauf qu'elle va faire l'erreur de le prendre comme la majorité des hommes derrière l'écran: c'est à dire comme un obsédé sexuel. Elle va le brancher très vite sur le sujet, en espérant de cette manière obtenir un rendez-vous rapide afin que Bérénice agisse vite en réel pour mettre son plan à exécution. Elle est comme ça, impatiente mais elle devra malgré elle, le connaître un minimum si elle veut arriver à ses fins..

Elle trouve très facilement son profil , il n'a pas d'homonyme : il a toujours la même photo qui date de l'été 2010 : Il porte un tee-shirt vert foncé, des lunettes carrées, et n'est pas rasé.
Elle va lui envoyer un message, et dans le même temps cliquer sur « ajouter ».

- « Bonjour Sébastien, je m'appelle Bérénice, j'habite à Sanary-Sur-Mer. On ne se connaît pas, mais je me permets de venir te parler car j'ai suivi tes ennuis judiciaires par la presse et comme tout le monde à la télévision. Je voulais te dire que je te soutiens depuis le début, je voulais même t'envoyer une lettre en prison pour correspondre mais je n'ai jamais osé, je suis plus à l'aise par Facebook..

j'éspère que tu me répondras, j'aimerais pouvoir dialoguer avec toi pour mieux te connaître. »

Il est 21h quand Sébastien prend connaissance du message de cette inconnue, il est surpris par la gentillesse inattendue de cet écrit. En effet, depuis sa sortie de prison, il a reçu beaucoup de commentaires des internautes, peu élogieux évidemment.

La majorité viennent l'insulter avec des messages variés : « sale pourriture ! 4 ans de taule pour avoir poussé une femme au suicide, j'ai honte de cette justice ! » « toute ta vie tu auras sa mort sur ta conscience » « tu brises une famille entière, et tu oses encore t'afficher sur Facebook, mais va te prendre ! » etc etc.. des écrits de ce type, il en reçoit toute la journée, il ne répond jamais, il laisse les gens dire. Ca ne l'atteint pas. Il a vécu le pire en prison, il est blindé maintenant. Et puis lui seul sait qu'il est victime d'une injustice. Et même si il racontait la vérité sur Élodie à ses inconnus virtuels, on ne le croirait pas de toute façon, puis ça lui retomberait dessus.. de toute façon, il ne s'introduit jamais dans les commentaires des autres et méprise cette « communauté » qu'il prend de haut, et il y a de quoi. Il préfère les laisser entre eux s'insulter ou à se détruire avec leurs défis débiles et dangereux comme se filmer à se jeter à l'eau pour ne pas offrir le resto, ou de boire un verre d'alcool cul-sec, sans parler des plus désiquilibrés qui se foutent le feu ou se plantent un couteau !

Alors lorsqu'il lit le texte de Bérénice, il est content et répond de manière directe :

- « c'est le seul message positif que je reçois depuis ma sortie de prison, merci de votre soutien, ça me fait chaud au cœur ! ».

Mais il reste sur ses gardes, il n'a pas encore accepté sa demande d'ami.

- « merci pour ta réponse, moi je trouve qu'on a été dur avec toi, car tu n'étais pas maître de la situation, tu ne peux pas prévoir la réaction de la fille et puis de plus, on a jamais retrouvé son corps, tu penses qu'elle est encore vivante toi ? »

À ce moment-là, Élodie le teste pour voir si il va parler de leur entrevue dans le parloir.
Mais Sébastien fait bien attention de ne pas déraper sur le sujet, il sait que n'importe qui pour quelques sous, peut aller rapporter ses dires à la presse.

- « la justice l'a déclaré décédée. C'est tout ce que je peux te dire. »

- « tu sais, j'ai souvent pensé à toi, je peux te poser une question plus personnelle ? »

- « vas-y »

- « ça devait être dur sexuellement pour toi de ne jamais voir de femmes, je suppose ? »

- « de toute façon, que je sois chez moi ou en prison, à ce niveau là, ça reste toujours dur si j'ose dire ! »

- « ah excellent ! Tu gardes de l'humour même après avoir vécu le pire ! chapeau à toi, j'éspère sinon que ce n'est pas un sujet tabou pour toi le sexe, je ne veux pas que tu sois gêné.. »

- « non, mais je ne suis pas là pour ça, je cherche du sérieux avec une femme, même si je n'y crois plus vraiment. »

- « oui moi aussi, mais c'est important le sexe dans un couple, tu ne trouves pas ? »

- « tu m'excuseras mais je préfère ne pas parler tout de suite de ce sujet là avec toi, car j'ai remarqué que ça me retombait dessus après. On me fait parler de ce sujet, et ensuite je m'entends dire : « t'es un pervers, en fait » ou que je suis un obsédé ! Donc changeons de sujet, on est pas encore intimes pour échanger là dessus. »

Pour l'instant c'est donc raté pour Élodie, elle pensait que Sébastien était comme tous les mecs sur internet et qu'il aurait profité de cette occasion pour se lâcher, et même pourquoi pas demander une « cam » pour montrer son sexe, et ça aurait été pour elle une occasion immense de le filmer à son insue, et de s'en servir plus tard..

En fait son erreur, est de voir chez Sébastien le négatif et de généraliser tous les mecs :
Elle a un shéma très préconçu à l'avance sur les hommes : un garçon qui lui parle est égal à une finalité toute simple : il veut du sexe. Et c'est peut être pour cette raison qu'elle collectionne les aventures sans lendemain depuis des années, elle ne cherche pas à approfondir due à sa parano. Dans sa tête c'est toujours comme ça, donc pourquoi changerait elle son état d'esprit sur Sébastien? C'est un homme, il est comme les autres, il ne peut vouloir que du sexe.

Puis elle voit surtout ce qui lui a fait de mal, en bonne fille unique égoïste : il avait envoyé sa photo compromettante à son père pour la salir. Même si ce n'était pas à faire, elle ne sait pas poser la question du pourquoi. En effet, elle l'avait poussé à bout. Mais aucune remise en question de sa part. Elle ne se souvient pas qu'il a été très correct au début avec elle. Très poli, il n'avait pas fait de demande d'ami tout de suite, mais envoyer cet unique message à l'époque :

« Bonjour, je suis Sébastien, je me permets de t'écrire car je t'ai rencontré furtivement au café de la plage et j'aurais aimé mieux te connaître ici »

Puis, le fait d'être ignoré l'a poussé à faire une demande d'ami, et le refus a été pour lui injuste et l'a décidé à la traquer. Même si il prend peut-être trop les choses à cœur, ce qui a déclenché sa colère c'est sa confrontation en réel dans la boîte de nuit du casino, lui qui disait juste de façon bon enfant, en la respectant et même la vouvoyant :

« j'aurais juste été content de vous connaître, de parler un peu et d'être amis pourquoi pas ? »

En effet, il n'y avait pas d'arrières pensées puisqu'il savait à l'avance qu'elle n'était pas célibataire et donc aucune chance pour la séduire, mais il voulait juste un début pour ne pas avoir trop de regrets, juste savoir à qui il avait à faire puisque il ne l'a connaissait même pas. Mais il a été vite fixé par sa réponse sèche, fermant toutes portes :

« mon copain et moi, on a assez d'amis comme ça ! Bonne soirée ! »

Ses flashbacks datant maintenant de 5 ans, résonnent toujours dans la tête de Sébastien et comme il sait que les femmes sont plutôt méfiantes et sur la défensive, il n'a pas confiance en ce contact féminin qui vient de nulle part et qui le branche très vite sur le sexe. Dans son passé, il a déja été piégé, il a donc l'habitude, et se dit que cette fille est là pour délirer ou se foutre de lui. Malgré ses mauvaises intentions perverses de vengeance aveugle, Élodie a vite réalisé son erreur, à vouloir entraîner la conversation sur ce terrain. Mais elle s'en fout du sérieux de Sébastien, elle voit juste que son approche a été un échec et qu'elle devra vite se rattraper afin que son plan ne tombe pas à l'eau.

Elle mettra d'ailleurs fin à cette première discussion

en allant même s'excuser pour regagner sa confiance :

- « oui excuse moi, c'est toi qui a raison, on est pas
encore intimes pour parler en détails sur ce sujet.
J'aimerais que tu me parles de tes passions la
prochaine fois. Là je vais dormir, à bientôt, et j'espère
que tu te remettras vite de ton incarcération injuste ! »

Pour Sébastien, elle en fait trop. En effet il n'a jamais
vu ça. Une fille qui soudainement s'intéresse à lui, ce
n'est pas crédible, et ça cache quelque chose de
louche. La première approche d' Élodie ressemble à un
échec cuisant.

Chapitre 5 : La méfiance de Sébastien

9 Mars 2015 : 9h30. Sorti déjà de l'enfer depuis 6
jours. Ce matin-là, Sébastien reste au lit, et profite de
sa liberté et de sa solitude. Ce qui n'était pas un choix
au départ, est devenu un plaisir avec le temps. En
effet Le peu d'occasions de rencontres dans sa vie
devenaient systématiquement une catastrophe à tous
les niveaux. Une perte d'énergie, une prise de tête
infinie : incohérence, incompatibilité à communiquer.
L'apaisement, et son équilibre n'existent désormais
que dans sa tranquilité.
Il n'a plus de soucis, et ne veut pas en avoir davantage
avec les femmes. Avec Élodie qui lui a fait subir le
pire, cette fois il est vacciné, il ne cherchera plus a

vouloir connaître quelqu'un, c'est beaucoup trop dangereux..

Il se met à penser à la discussion de la veille avec cette Bérénice. Lui qui a de l'expérience en virtuel depuis des années, il se dit que cette femme a une idée derrière la tête. Une fille faisant le premier pas sur internet pour parler à un homme cela n'existe pas, ou alors une vénale pour lui faire croire à une histoire d'amour. Sébastien ne rêve plus, il sait que le romantisme a disparu. Le bling bling a remplacé les mots. La belle voiture, la montre hors-de prix sont devenus les meilleurs armes de séduction. Triste constat.

Il n'a pas vécu à la bonne époque pour réussir à rencontrer une personne stable, fiable et positive afin de trouver la motivation à construire quelque chose. En effet, il sait par son vécu que les femmes de nos jours partent toutes négatives d'entrée, elles n'y croient plus. Il se retourne sur ces années où il passait tout son temps sur les sites de rencontres. Il se faisait virer pour des détails anodins : Elles ne supportent pas la fumée de cigarette, ça ne plait pas, donc on passe au suivant. Elles sont tellement sollicitées qu'elles laissent même un dialogue pourtant suivi en suspens, même pas un « au revoir ». Ces femmes le laissaient sans réponses en pleine conversation ! Mais comme par hasard, quand il leurs envoyaient une pique pour les critiquer sur leur manque de politesse, elles répondaient de façon immédiate en prétextant qu'elles n'étaient pas devant leur téléphone pour répondre ! Pourtant ils étaient entrain de dialoguer..

elles ne ratent donc pas cette belle occasion de rebondir sur son reproche pour lui en mettre plein la gueule et bien sûr de se servir de ce prétexte pour le virer radicalement.. hypocrisie quand tu nous tiens.. mais une chose est sûre : se montrer incisif permet de les faire toutes répondre...

Mais du coup, la séduction n'existe plus, et rencontrer une femme devient « le parcours du combattant ». La preuve : des « dating assistant » prennent maintenant notre place pour draguer derrière l'écran, et nous offrir des rendez-vous sur un plateau moyennant des centaines d'euros. Bref, le naturel est mort et la tromperie se démocratise avec des sites qui nous trouvent des alibis pour nos relations extra-conjugales. La morale est devenue un vieux souvenir d'autrefois et le clap de fin de notre civilisation a sonné.

Certains disent que l'arrivée d'internet et des réseaux sociaux sont la cause du repli sur soi. Mais cet individualisme ambiant n'est pourtant dû qu'à cette humanité à l'esprit pas très développé qui ne savent pas se servir intelligemment de ce qu'on leur offre. Les gens se consomment virtuellement sur les sites de rencontres mais ne veulent pas de fond.

Dans la vie réelle, il en est de même, enfin quand la rencontre réelle a lieu bien sûr. L'envie de toujours trouver mieux n'aide pas à approfondir. Mais n'accusons pas internet sur la cause du zapping mais plutôt l'être humain.

En effet, les « speed-dating » sont venus conforter cette idée. Sept minutes pour séduire et après on passe à un autre. Vouloir creuser et prendre le temps de se connaître n'est donc plus la tendance du moment. Il faut consommer toujours plus vite sans rien construire. On se remplace si vite que les souvenirs n'existeront même plus, juste le temps de se prendre en selfie et c'est déjà fini. Dans ce tourbillon de cette vie virtuelle, Sébastien a pu vivre des histoires, enfin des morceaux d'amour sans suite... La relation sérieuse n'est plus de notre temps, c'est devenu ringard, la tendance est au plan cul ou à la mythomanie...

Cette Bérénice est donc pour lui un brouteur de Côte d'Ivoire, ou un homme qui cherche des informations sur lui, bref une arnaque. En suivant son cheminement de pensée, il se lève pour aller regarder ce profil de plus près. Une fois connecté sur son compte Facebook, il clique sur la bulle pour relire le dialogue de la veille et regarde le profil de cette Bérénice pour l'analyser à la loupe. Cette personne a 525 amis, oui c'est normal vu son physique, mais les photos sont trop parfaites, puis une belle femme n'a pas besoin d'aborder sur Facebook se dit-il. De plus, sorti de prison après avoir poussé une fille au suicide d'après la justice ne donnerait pas envie à une femme de venir lui parler. Et pourtant, une fille toute gentille désire le connaître du jour au lendemain après ce qu'il a fait ? Non ça ne tient pas la route, il se trouve beaucoup trop naïf à retomber dans le piège des femmes et se dit dans sa tête : « si cette personne me recontacte, je lui demanderais de la voir par caméra déjà, et après on verra.. ».

En effet, ce n'est pas Sébastien qui va lui courir après, surtout pas ! Si elle veut continuer à lui parler, elle est assez grande pour le faire ! il jugera sa motivation comme ça.. En prison il s'est juré après s'être fait « jeter » et ensuite manipuler par Élodie qu'il ne tenterait plus jamais de se lancer à une première approche envers une belle femme. Et puis à quoi bon se ridiculiser à faire le premier pas ? De toute façon la majorité se sentent agressées au moindre renseignement !

C'est le problème chez les trop belles femmes : pourquoi feraient elles des concessions à être aimables quand elles ont l'embarras du choix ?

Malheureusement pour lui, il n'est pas attiré par les fades, les laides. Elles sont pourtant plus faciles à aborder mais ça serait encore plus déprimant pour lui, il préfere désormais être seul que mal accompagné.

Chapitre 6 : L'ultime correspondance

Ce 9 Mars 2015, il est maintenant 21h. Élodie guette Sébastien à la même heure que la veille. Elle a bien fait, car il est présent et curieux de voir si son premier pas de la veille n'était pas encore une ébauche superficielle sans suite comme il en a eu l'habitude dans sa vie.

Elle se lance :

- « Bonsoir Sébastien, je te déranges pas j'éspère, tu es dispo pour parler ce soir ? »

- « Coucou Bérénice, oui je suis disponible pour dialoguer mais avant j'aimerais m'assurer de ton identité, je n'ai pas eu la présence d'esprit de te le demander hier, car je n'ai pas l'habitude de reçevoir des gentilles attentions sur ce réseau, et surtout depuis ma sortie de prison ! je ne veux plus me dévoiler des heures, voire des semaines à quelqu'un dont je ne suis sûr de rien, même si je vois tes photos, je veux juste être en confiance, te voir quelques minutes en cam, et après on reparle ici si tu n'es pas à l'aise en visu, j'éspère que tu comprends mon état d'esprit.. »

À ce moment-là, Élodie est prise au dépourvu, mais elle n'a pas le choix. Si elle veut que son plan arrive à son terme, il faut gagner sa confiance, elle va lui demander d'attendre le temps de prévenir Bérénice de la situation.

- « oui, bien sûr, je comprends tout à fait, avec tous les fakes qui traînent c'est compréhensible, par contre, tu peux me donner quelques minutes car je ne suis pas douée en informatique, et je n'ai pas configurer mon skype comme il faut, je te donne mon pseudo dans 5-10 minutes ok ? »

- « mais tu n'as pas besoin de skype, tu sais qu'on peut faire une visio directement sur Facebook ! »

Élodie est piégée. Heureusement elle a la bonne répartie :
- « sûrement, mais je préfère par skype, j'ai juste plus l'habitude, je reviens, attends moi stp ! »

À cet instant, Élodie se jette sur son téléphone et appelle Bérénice qui à cette-heure là se prélasse sur son canapé devant la télé accompagnée de son nouveau copain du moment, mais son amitié avec elle passera avant tout. Elle décrochera et ira s'isoler dans sa chambre.

- « oui salut ma poule c'est Élo, désolée de te déranger mais j'ai un imprévu, il faut que tu te connectes sur skype et que tu attendes l'invitation du bâtard, tu dois lui parler quelques minutes sur skype maintenant ! il a besoin d'être rassuré sur ton identité ok ? Moi je le récupère sur Facebook après. »

- « Ok je l'attends.. »

Maintenant prévenue, Élodie retourne parler à Sébastien sur Facebook :

- « me revoilà, c'est bon, j'ai pu configurer, tu peux me rajouter, mon pseudo c'est berenice13. »

Du coté de Bérénice, elle est allez prévenir son copain, le mettre au courant du plan, afin de ne pas la déranger pour ne pas tout faire capoter. Elle attend maintenant l'invitation. Deux minutes passent, ça sonne, elle appuit sur le logo caméra et découvre Sébastien.

Elle lui fait un signe de la main avec un grand sourire lui disant :

- « coucou ! Alors tu es rassuré maintenant j'espère ? »

Sébastien reste sous le charme, elle est encore plus belle que ces photos sur son profil. il est à ce moment-là de nouveau en position de faiblesse et ne possède plus le recul nécessaire pour se protéger. La bonne analyse qu'il avait sur son profil le matin même est déjà oublié. C'est un idéaliste, et puis après 4 ans de prison il a besoin d'une femme. Rien que de la voir bouger, l'entendre quelques instants le laisse rêveur et ne pense plus une seule seconde à un éventuel piège. Il est trop naïf. Vu son passé négatif, il ne peut plus imaginer qu'on puisse encore le nuire.

Bérénice veut rester le moins longtemps possible, elle sait qu' Élodie attend pour reprendre la main derrière son écran, elle poursuit donc :

- « désolée je ne suis pas très à l'aise par cam, mais si on se rencontre un jour ça serait mieux ! »
On se retrouve sur Facebook c'est bon ? »

Sébastien a perdu de son assurance et acquiese. Bérénice coupe son ordinateur, et va rejoindre son copain sur le canapé du salon comme si de rien n'était. À des milliers de kilomètres c'est Élodie qui attend le retour de Sébastien.

Il lui envoie :

- « merci, c'était court mais je suis maintenant rassuré, je peux te parler désormais en toute confiance... »

Élodie jubile de découvrir cette réponse sur son écran...

Elle poursuit :

- « Mais c'est normal, mais pourquoi tu n'as pas encore accepté ma demande d'ami alors ? »

À cette question, Sébastien reprend le recul nécessaire et lui répond de manière moins emballée que sa réponse précédente :

- « je l'accepterais si je te connaissais mieux, mon passé m'a appris à rester prudent, et même si je n'ai rien à me reprocher, je me méfie des gens ici, et on ne sait jamais, ma vie privée peut être utiliser à des fins nuisibles contre moi ».

Élodie s'agace derrière son écran et se dit : mais c'est lui qui dis ça ? Non mais je rêve ! Quel culot ce bâtard !

En fait, elle s'énerve car Sébastien n'a laissé paraître aucune publications en mode public, et elle ne trouve rien sur lui. Il a même effacé son historique des années précédentes excepté une seule photo, tout est limité. Il a paramétré son Facebook en conséquence contrairement à Élodie qui avait tout montré sans le savoir ! Elle a du cliquer à son inscription sur l'onglet « autoriser tout le monde à me suivre » ce qui permet aux personnes de voir ses publications publiques dans le fil d'actualité.

Elle aurait aimé farfouiller comme lui avait fait pour elle : parler à un de ses amis, garder elle aussi une photo compromettante, savoir sur quels groupes il est inscrit, essayer de trouver une info dans son profil qu'elle pourrait utiliser contre lui. Mais elle ne peut pas tant qu'il ne l'accepte pas en ami.
Elle se dit que tant pis pour lui alors, il aura droit au pire...

Elle poursuit en faisant attention de ne pas s'énerver :

- « alors tu peux m'en dire plus sur toi ? que fais-tu depuis ta sortie de prison ? »

- « pour l'instant je distribue des journaux dans le quartier, je vais aussi voir un psychologue pour parler, j'en ai besoin. »

- « oui c'est compréhensible après ce que tu as vécu, et tu aimes faire quoi sinon ? »

- « lire, écouter de la musique, le cinéma, la plage, boîte de nuit. mais là c'est trop tôt, je t'avoue que je préfère rester tranquille, de toute façon sur Bandol il y a pas grand chose pour sortir tu ne trouves pas ? »

À ce moment là Élodie craint de déraper, elle n'habite plus Bandol et elle a peur de se tromper sur les noms des rues et des établissements qui ont peut-être changer depuis 5 ans. Elle connaît juste le nom du café de la plage où elle a travaillé et du casino, mais elle ne citera pas ces deux établissements pour ne pas éveiller d'éventuels soupçons.

Elle rebondit sur sa dernière question pour lui tendre une perche, car elle commence déjà a en avoir marre de faire semblant à s'intéresser à lui :

- « non tu as raison, c'est mortel, mais ça te ferais du bien de voir du monde, surtout en ce moment. J'aurais bien une proposition à te faire, mais bon je ne veux pas que tu es une idée fausse de moi après.. »

- « c'est à dire ? »

- « ben j'aimerais te rencontrer, sans ambiguïté, juste se découvrir, je suis comme toi je cherche une relation sérieuse, après je ne veux pas que tu me trouves trop rapide, mais correspondre derrière un ordinateur me lasse vite, surtout vu notre distance ! »

- « oui mais tu aimerais me voir où ? »

Cette question est une aubaine pour Élodie, qui en bonne manipulatrice va répondre par une autre question en insinuant une proposition déguisée :

- « Tu habites seul ? »

- « Oui, tu veux venir chez moi ? »

Bingo ! Il est tombé dans le piège et c'est gagné pour Élodie ! grâce au physique de Bérénice, elle n'en fait qu'une bouche de pain. Elle poursuit :

- « oui moi ça ne me dérange pas, j'ai confiance, je sais que je ne risque rien avec toi. On pourrait voir un film tranquille, discuter sans se prendre la tête, tu en penses quoi ? »

- « Oui ça me dis bien, tu peux quand ? »

À cette question évidemment, Élodie n'est pas en mesure de le savoir..
elle lui répond donc qu'elle va voir son agenda, et qu'elle lui dira ça le lendemain..

Sébastien est sur son nuage, il pense qu'il va enfin rencontrer la femme de sa vie..

Chapitre 7 : La dernière étape du plan

10 Mars 2015 , 7h00: Derrière les stores, le soleil se lève sur la Polynésie Française. Élodie a peu dormi et se réveille tôt près de Fred son copain, qui lui dort encore. Évidemment, il ignore tout de son passé, pour lui elle se nomme Alexandra Gatour. Et depuis la sortie de prison de Sébastien Rizon, elle a très peur qu'il soit au courant. C'est pour ça qu'elle est obsédée par sa vengeance, et impatiente de mettre en place la suite de son plan. Elle s'inquiète de le savoir en liberté, peur qu'il contacte un enquêteur pour la retrouver.

Après son déjeuner, elle attend que son copain Fred parte travailler, pour appeler tranquillement Bérénice et lui raconter comment elle doit agir pour la suite de son sordide scénario :

- « oui Bérénice, c'est Élo ! je t'appelle pour te faire le compte-rendu de la discussion avec le bâtard »

- « ah oui alors ça en ai où ? toujours à faire connaissance ? haha !! »

- « non c'est bon c'était plus rapide que je le pensais, tu vois tu les fais tous craquer ! »

- « alors je dois le rencontrer quand cet abruti fini ? »

- « il a accepté de t'inviter chez lui, alors tu es libre quand ? il attend ma réponse. »

- « tu plaisantes ? Je ne vais pas aller chez un inconnu moi ! »

- « pour le plan c'est mieux que ça se passe chez lui justement, aucun témoin de la scène, il sera marron par la suite. Puis rassure toi, tu risque rien, c'est pas un dragueur, il cherche du sérieux, il veut même pas parler cul ! puis si ça te rassures, prends un tazer avec toi.. »

- « de toute façon il va se tenir à carreau, t'inquiète il sort de taule, il ne veut pas y retourner, ça l'a miné, il ne sort plus de chez lui, à part pour voir un psy cette chochotte ! puis penses à ce que l'on va se partager.. »

- « bon d'accord, dis lui pour le 12 mars à 16h devant le casino ».

- « n'oublies pas d'y aller en mini jupe, tes bas résilles et tes bottes, il faut qu'il craque.
Puis dernière chose : une fois que la justice aura pris connaissance du dossier, on ne se connaît pas, on ne se contacte plus, que ce soit Facebook ou téléphone. »

- « ah bon pourquoi donc ? »

- « car ils peuvent te mettre sur écoute, et aussi te pister sur internet, je ne veux pas prendre le risque qu'ils découvrent notre complicité, et remontent jusqu'à nous. Tu me rappelleras une fois qu'il sera jugé et à nouveau en prison, surtout pas avant. »

Suite à cette dernière mise en garde, Élodie lui explique les derniers détails de son plan macabre que Bérénice va éxécuter à la lettre comme une esclave à son maitre..

Une fois raccroché, Élodie, fixera un rendez-vous à Sébastien par Facebook, il acceptera la date, le lieu et l'heure de ce guet-apens..

Chapitre 8 : Le rendez vous réel avec Bérénice

Ce jeudi 12 mars, il est 16h et 3 minutes devant le casino de Bandol. Un endroit qui ne rappelle pas de bons souvenirs à Sébastien. Il se souvient de l'été 2010 où il s'était rendu dans la boîte de nuit du Casino dans laquelle il s'était fait jeter sèchement par Élodie. Lui qui espérait tellement de cette rencontre qu'il avait programmé en la faisant passer pour naturelle.. mais bon la vie continue se dit-il. Il est nerveux, stressé. La vue de la mer et des palmiers n'arriveront pas à le détendre. Il sent ses mains moîtes, la bouche sèche accompagné d'une forte montée d'adrénaline. Il n'a pas l'habitude de se rendre à un rendez-vous avec une femme aussi belle que Bérénice.

Après 5 minutes d'attente, il voit arriver dans sa

direction celle qui l'a admirée en photo pendant quelques jours. Le virtuel se transforme enfin en réel.. Cette brune élancée aux cheveux longs très lisses à la démarche sexy, balance ses hanches aux courbes sensuelles, à la féminité extrême. Elle porte une jupe bien au dessus du genou, avec des bas noirs résilles coupés par des bottes de cuir noir se terminant par un fin talon. À ce moment là, Sébastien dépose les armes. Il est excité, voire en trance, il n'avait pas vu de femmes aussi sexy depuis sa sortie de prison. Bérénice se trouve en position de force rien que par son apparence. Elle n'aura pas besoin d'en faire trop pour qu'il tombe bientôt dans ses filets.

Il lui fait la bise timidement, en rêvant secrètement qu'il se passe quelque chose entre eux à ce rendez-vous. Il l'accompagne en direction de son domicile, pas loin du casino, quai Charles de Gaulles. Il habite dans la rue du Docteur Louis Marçon dans un appartement modeste de 30 m2. Ils échangeront des banalités durant le trajet, mais elle économisera ses mots, parlera le moins possible. Comme ce n'est pas elle qui lui a parlé derrière l'écran, elle a peur de tout foutre en l'air en cas de dérapage. Sébastien commence à sortir ses clefs car ils arrivent déjà au niveau de la porte d'entrée.

À ce moment-là, elle lui explique qu'elle se méfie toujours des premiers rendez-vous et lui demande avant de rentrer de ne pas fermer sa porte à clefs prétextant la méfiance, et d'avoir vécu des mauvaises expériences dans le passé. Elle lui précise se sentir plus à l'aise pour sa sécurité. En fait tout à été prévu, et cette demande fait évidemment partie du plan. Il accepte. De toute façon pour cette fille il accepterait n'importe quoi. Son esprit est ailleurs, seule l'exitation le guide à ce moment-là. Il n'a pas le temps de lui proposer un verre, que déjà, elle s'allonge sur son canapé, prend ses aises, pose son sac juste à côté et commence sur les chapeaux de roues son entreprise de séduction :

- « bon, Tu viens t'asseoir, j'ai un truc à te dire »

Sébastien, s'installe timidement près de Bérénice, surpris par son attitude si décontractée, elle qui se disait si méfiante avant de rentrer..

elle se lâche, tout en passant à l'action:
- « on verra un film après, moi tu me plais et j'ai envie de t'embrasser »

Ils commençent à s'embrasser langoureusement, puis elle commence à lui défaire le bouton de son pantalon, mais Sébastien se rétracte, car même si il en a très envie, il ne veut pas passer pour un obsédé à ses yeux :

- « attends mais c'est un peu tôt pour le sexe, je ne cherche pas un plan cul avec toi mais du durable. »

Oui moi aussi, je sais que tu es sérieux mais ça n'empêche pas de prendre un peu de plaisir. Je veux juste te caresser un peu. Bérénice agit comme un robot, elle n'a que son plan en tête et rien ne la fera dévier de son but.

À ce moment-là Sébastien est en érection. Elle arrive à lui faire enlever son caleçon, il s'abandonne complètement pour elle, il se trouve dans un état second. Elle le caresse longuement jusqu'à éjaculation. À cet instant, elle cachera sa main derrière son dos pourtant pleine de sperme. En l'embrassant, celle-ci lui murmure à son oreille:

« tu devrais aller te nettoyer, tu en as sur tes jambes, va-y, je t'attends. »

Sébastien s'exécute, sans imaginer qu'il laisse la voie libre pour Bérénice. En effet, celui-ci, une fois enfermé dans la salle de bain, elle s'allonge sur le canapé et met au plus vite le plus de sperme possible dans son sexe. Suite à cette manipulation, Elle s'enfuit très vite par la porte d'entrée qui n'a pas été fermer à clef grâce à sa demande du début de rendez-vous.

Une fois dehors, elle poursuit le scénario du plan et court le plus vite possible pour s'enfermer dans les premières toilettes publiques qu'elle croisera sur sa route.

De son côté, Sébastien est déjà sorti de la salle de bain et reste stoïque sur son canapé, déstabilisé par le départ précipité de sa belle. Mais il n'imagine pas qu'il a été victime d'un complot sordide qui vient à peine de débuter. Comme il en a eu l'habitude dans le passé, Il pense juste à une fille instable qui a pris peur, où à changer d'avis sur un coup de tête. Il est donc juste déçu, une fois de plus, mais pas traumatisé.

Du moins pour l'instant...

Bérénice a arrêté de courir, elle a repéré des toilettes.
Elle regardera bien avant de rentrer si il n'y a aucun
témoin dans les alentours. Une fois à l'intérieur, elle
déchire sa jupe et son collant avec ses ongles pour
faire croire à une agression sexuelle. Une fois sortie,
elle court, et va jouer un jeu d'actrice convaincant à
son entrée au commissariat de Bandol : pleurante,
hurlante, arrivant à l'accueil, tremblottante en parlant
de son viol, et simulera très vite un malaise. Elle sera
directement transporter en clinique sur la Ciotat. Une
fois sur place, les médecins lui feront un examen
médical. Tout se passe comme prévu. Interrogée sur
place quelques heures plus tard par un gendarme lui
demandant des explications, elle se confie avec des
trémolos dans la voix :

- « j'ai eu un rendez-vous avec un inconnu par
internet, j'avais confiance, alors je suis rentrée chez
lui, il m'a sauté dessus, j'ai réussi difficilement à me
débattre et courru. »

- « vous avez son nom ? »

À cet instant, elle fera exprès d'écorcher celui-ci pour
faire plus vrai :

- « oui, il me l'a dit, c'est Sébastien Ruzon ou Razon,
je ne sais plus bien »

- « ça ne serait pas Sébastien Rizon plutôt ? »

- « ah oui je crois que c'est ça ! »

- « il est sorti de prison récemment après avoir poussé une jeune femme au suicide »

- « ah bon, il sort de prison ? j'ai eu de la chance de pouvoir m'en sortir alors.. »

- « oui ne vous inquiétez pas mademoiselle, on va faire le nécessaire, reposez-vous »

Bérénice restera quelques jours en observation dans la clinique de la Ciotat.

16 Mars 2015 : Les analyses du sperme retrouvées dans le sexe de Bérénice sont sans appel : c'est bien celui de Sébastien Rizon, plus aucun de doutes..

Le 17 Mars 2015, Sébastien est arrêté chez lui en début d'après midi à son domicile, transféré au commissariat et va se retrouver à nouveau face à l'inspecteur Gervon, le même qui l'avait interrogé en 2010..

Chapitre 9 : Retour à la case départ

L'inspecteur Gervon ouvre les hostilités :

- « bon je suppose que tu sais pourquoi tu es là ? »

Sébastien reste interloquer un instant et répond évidemment non.

- « Bérénice Delou ça te dis rien ? Elle est actuellement en clinique à cause de toi, on a la preuve que tu l'as violée »

- « violer ? C'est une blague ! elle m'a juste caressé, et a disparue quand je suis allé me laver dans ma salle de bain. »

« le sperme analysé dans son vagin est le tien, tu l'expliques comment ? »

« je ne l'explique pas, enfin si je pense savoir mais ça me dépasse. Elle aurait donc utiliser mon sperme étendu sur sa main pour l'introduire dans son sexe et faire croire à un viol ! »

« bon, alors écoutes, tu parleras de ta version fantaisiste à ton avocat, en attendant tu retournes à la prison des Beaumettes à Marseille. »

À peine 15 jours après son cauchemar de 4 ans, Sébastien est contraint de retourner dans l'enfer.

Après avoir appelé son avocat au commissariat, il le rejoint au parloir pour lui confier la manipulation dont il a été victime.

Il lui confie son soupçon sur Élodie Grevin, il pense que c'est la seule personne qui peut le nuire. Il le charge de trouver des preuves comme quoi Bérénice serait complice et qui pourrait converger dans ce sens. Son avocat n'a que 3 mois et 10 jours pour travailler sur son dossier. En effet, le procès aura lieu début Juillet 2015. Pourtant la presse à scandale n'attendra pas le verdict pour salir Sébastien avec leurs gros titres racoleurs déjà placardés un peu partout :

« Facebook, le terrain de chasse glauque de Sébastien Rizon »
« Après avoir poussé au suicide, maintenant il viole »
« La justice l'a libéré après 4 ans, il a récidivé pour le pire ».
« Après avoir tué en virtuel, sa perversité passe au réel »

Le 9 Mars dernier, il avait pourtant eu un doute sur cette Bérénice, il repensait à ses expériences passées et se disait qu'une fille faisant le premier pas cela n'existe pas, elle cachait forcément quelque chose, ça ne pouvait être qu'un appât contre lui. Une bonne analyse qui sera malheureusement balayer le soir même quand il la verra par caméra. L'envie de la rencontrer était trop forte, il perdait ainsi toute notion rationnelle.

Dans l'attente de son procès, il ne fait que réfléchir dans sa cellule et reste persuader de l'implication d' Élodie dans ce complot bien maîtrisé. Elle se sentait menacer par sa sortie de prison, il est sûr que Bérénice l'a connaît, mais comment le prouver ? Si il n'arrive pas à trouver une solution, il risque cette fois 20 ans...

Chapitre 10 : Le procès, jour 1

Le temps a passé, nous arrivons au 3 Juillet 2015 au palais de justice d'Aix en Provence... Sébastien sort de 4 mois de prison en préventive. Il apparaît combatif au box des accusés. Bérénice sera absente ce jour, elle est encore en repos, et disait ne pas se sentir le courage d'affronter son bourreau.

Les parents de Bérénice et d' Élodie sont assis côte à côte pour faire front contre Sébastien qui pour eux est un dangereux psychopathe. Mais cette fois, il ne baissera pas le regard, droit dans ses bottes et sûr de lui.
L'enjeu de ce procès consiste à connaître les conditions du viol. Malgré l'assurance de Sébastien qui comparaît libre dans le box. Tout est contre lui, et

son retour en prison ne fait aucun doute pour personne dans la salle où la foule hurle sa haine. Son antécédent judiciaire va peser lourd, sauf coup de théatre énorme, les dés sont jetés, les preuves du viol sont indiscutables.

Les débats commencent, c'est Maître Jargu, le même avocat défendant Élodie Grevin il y a 5 ans qui défend la victime Bérénice Delou :

- « Monsieur le Président, Monsieur et Madames les jurés, Monsieur l'avocat général, Permettez moi de vous dire déjà que ce procès n'aurait jamais du avoir lieu. De faire sortir sitôt l'accusé, après avoir poussé Élodie Grévin au suicide il y a 5 ans, reste une souffrance pour les parents de la pauvre victime morte une deuxième fois dû à cet affront.
L'accusé que je ne citerai pas, est un homme mauvais, dangereux pour notre société. À peine sorti de prison, il est retourné traquer une jeune fille sur Facebook pour cette fois l'emmener chez lui, la manipuler, et la violer, les preuves sont dans le dossier Monsieur le Juge. Je demande la perpétuité réelle incompressible pour que le femmes ne vivent plus l'horreur de ce personnage. »

Maitre Villepart, l'avocat de Sébastien prend la parole :

- « Monsieur le Président, Mesdames Messieurs les jurés, Monsieur l'avocat général, nous sommes face à un complot de grande envergure. Tout d'abord, la police d'internet a retrouvé la conversation entre Bérénice et Sébastien. Contrairement à ce que vous dites Maitre Jargu, Sébastien ne l'a pas traqué. Mais c'est bien Bérénice qui est venue lui parler, et le chauffer en le branchant sur le sexe. D'ailleurs il lui a répondu que c'étais trop tôt pour parler de ce sujet, mais elle a insisté lourdement. Le lendemain elle le recontacte, se montre par caméra et finit par lui fixer rendez-vous. Cette Bérénice est donc très entreprenante ! En effet, à notre époque, une fille qui vient parler deux fois seulement à un inconnu sur internet et qui accepte de venir chez lui, je ne pense pas que ce soit pour jouer au scrabble ! »

À cet instant maitre Jargu, le coupe violemment :

- « Maitre Villepart insinue entre les lignes que ma cliente serait une prostituée ! »

Maitre villepart reprend la parole :

- « Non je n'ai pas dis ça !! je dis juste que c'est elle qui l'a piégé en parlant de sexe au départ. Puis une fois arrivé chez lui, elle a demandé à mon client de ne pas fermer sa porte d'entrée. Si il l'avait vraiment violer comme vous le dites, votre cliente aurait hurlé, et les voisins seraient descendus pour ouvrir la porte qui n'était pas fermée. Mon client n'habite pas dans un appartement isolé. Mais comme par hasard personne n'a rien entendu. »

Maitre Jargu :

- « elle lui a demandé de ne pas fermer la porte car elle se méfiait. C'est normal quand on va chez un inconnu figurez-vous ! »

Maitre villepart :

- « c'est pourtant elle qui lui parle de sexe dès les premiers messages échangés, demande à le rencontrer, accepte d'aller chez lui, et s'habille de façon légère au rendez-vous. Il semblerait qu'elle ait tout prévu dans le but d'obtenir un rapport intime ! »

Hurlements dans la salle, les parents des victimes sont outrés et crient leurs colère. Le président tape son maillet pour ramener le silence.

Maitre Jargu reprend la parole :

- « je reconnais bien vos méthodes, vous faîtes comme il y a 4 ans, en renversant la situation. Je ne sais pas ou vous voulez en venir mon cher confrère mais vous vous enlisez pitoyablement, les preuves sont là et elles sont irréfutables ! Le sperme retrouvé dans le vagin de ma cliente à été analysé et c'est bien celui de l'accusé, vous voulez faire une contre-expertise peut-être ? »

Maitre Villepart :

- « non, je veux juste démontrer que tout ceci à été orchestré depuis le début par votre cliente, et une autre personne. »

À ce moment-là Maitre Villepart ne cite pas le nom d' Élodie pour ne pas créer d'esclandre, il préfère faire parler celui qui va témoigner au deuxième jour du proçès, où cette fois Bérénice devra être présente, car celle-ci sera citer elle aussi à comparaître à la barre.

Chapitre 11 : Le procès, jour 2

4 Juillet 2015 :

Sébastien reste confiant dans le box et cela depuis le début. Il doit savoir que son avocat a trouvé ce qui pouvait le disculper, et en effet un témoin surprise va faire son entrée.

Maitre Jargu :

- « il va falloir maintenant démontrer les preuves de vos dires de la veille cher confrère! »

Maitre Villepart :

- « j'appelle à la barre Monsieur Laurent Ournez »

À cette annonce, dans la salle c'est l'étonnement

général. Bérénice surtout, reste abasourdie et se demande pourquoi son ex-copain de 5 ans vient faire ici..

Ce grand blond de 30 ans, peu sûr de lui, prend place timidement à la barre et s'apprête à répondre aux questions de Maitre Villepart :

Je tiens d'abord à préciser que c'est Monsieur Ournez lui-même qui m'a contacté dès qu'il a appris que mon client avait été de nouveau incarcéré.

Monsieur Ournez je voudrais d'abord vous demander pourquoi vous n'étiez pas venu au procès de mon client en janvier 2011 ?

- « mon avocat m'a dis à l'époque que je ne craignais rien dans ce dossier, car lorsque j'ai envoyé la photo compromettante d' Élodie Grévin à Sébastien Rizon, je lui avais bien stipulé avant qu'il devait la garder pour lui. Je ne l'inçitais donc pas à la diffuser. La police d'internet a pu vérifier mes écrits. C'est pour cette raison que je n'avais rien à faire au procès de 2011. »

- « c'est pourtant vous qui possédiez cette photo au départ, pourquoi l' avoir envoyé à mon client ? »

- « en fait, en lui précisant : « je te fais confiance, garde-la pour toi » c'était pour me protéger et ne pas avoir d'ennuis judiciaires, mais je me doutais qu'il allait l'utiliser. Diffuser cette photo, c'était mon but, je voulais nuire à Élodie, qui avait une influence néfaste sur ma copine Bérénice. Elle menaçait mon couple déjà à l'époque, elle passait beaucoup plus de temps avec Bérénice qu'avec moi. Alors quand il m'a demandé des informations sur elle, c'était l'occasion pour moi de commencer à faire tourner cette photo. »

- « comment vous avez-vous pu garder cette photo si longtemps derrière le dos de Bérénice et comment l'avez vous eu ? »

- « il y a 8 ans avec Bérénice nous vivions ensemble. On se faisait confiance en utilisant le même ordinateur. Nous avons transférés toutes les photos de sa soirée anniversaire pour ses 20 ans. Les avons triés, mais les photos ratées, trop « hard », nous les mettions dans la « corbeille » de l'ordinateur. Mais derrière son dos, je suis retourné dans la corbeille pour restaurer une photo plus compromettante que les autres. Je l'ai caché dans un de mes fichiers personnels qu'elle ne pouvait pas trouver. »

- « comment vous pouviez savoir que mon client allait utiliser cette photo ? »

- « quand il est venu me parler, je me suis dis qu'il s'agissait encore d'un soupirant tombé sous le charme d' Élodie et qu'elle allait le faire souffrir. Vous savez par Bérénice j'avais des échos, elle me disait qu'elle changeait de copain toutes les semaines, qu'elle les jetaient comme des kleenex par textos, et qu'elle n'était pas aimable quand un mec ne lui plaisait pas. Elle ne discutait pas, elle n'était pas du genre diplomate, elle les envoyait promener sans ménagement. J'étais sûr que Sébastien Rizon allait aussi en faire les frais, et j'ai donc anticipé. Je me doutais qu'il allait garder cette photo pour se venger le moment propice, et je ne me suis pas trompé apparemment ! »

- « maintenant expliquez à la cour pourquoi vous vouliez témoigner ici s'il vous plait »

- « quand j'ai entendu parler de l'affaire en 2010 comme quoi Élodie se serait supprimée à cause de cette photo qui avait été envoyée à son père. J'ai été surpris car je n'y ai pas cru. Je n'avais évidemment pas de certitudes, ne connaissant en rien les discussions virtuelles de Sébastien et d'Élodie. Mais lorsque je fouillais dans mes souvenirs passés, je me souvenais bien d'Élodie qui répétait à Bérénice qu'elle voulait un jour partir loin. Cette fille est imbue d'elle même, ce n'est pas son genre de se supprimer vous savez. Depuis que Sébastien était en prison, je faisais mon enquête, je me sentais un peu coupable quelque part. Alors je fouillais dans mon ordinateur, voir si je pouvais trouver quelques chose, un indice éventuel qui n'a pas été éffacé par Bérénice, mais rien. Le temps passait, alors j'ai tourné la page. Mais au mois de Juin dernier, c'est par hasard que j'ai trouvé. J'ai voulu déplacer des livres sur mon étagère, et un est tombé avec une lettre d'Élodie adressée à Bérénice qui se trouvait à l'intérieur. C'était un livre qu'elle m'avait prêté, et a oublié de le reprendre après son déménagement. Je pense qu'elle devait se servir de cette lettre comme marque page. »

- « lisez nous cette lettre à haute voix s'il vous plait »

Laurent Ournez se met à lire :

- « Coucou ma chérie, je t'écris pour te dire que tu es la seule avec qui je veux rester en contact, car je tourne la page de cette vie insipide et pars pour un paysage plus vaste : la Polynésie Française. Je t'en avais déja parlé, mais je ne n'arrivais pas à me décider. Mais cette fois, j'ai trouvé l'occasion grâce à Laurent, ton mec qui t'a trahi. En effet je sais que c'est lui qui a envoyé une photo de nous bourrées à un inconnu sur Facebook. Je ne sais pas si tu te rappelles de ta soirée anniversaire de 2007 pour tes 20 ans (celle où on s'amusait à se toucher) ça ne peut-être que lui, je me souviens bien, il était le photographe de la soirée ! je ne sais pas pourquoi il a fait ça, mais ce type n'est pas net. Je te conseille de le zapper rapidement. De mon côté, je vais donc faire croire à un faux suicide, suite à cette histoire. De plus, je ferai d'une pierre de coup en faisant condamner l'intriguant qui s'est permis d'envoyer cette photo à mon père.

J'espère que tu auras l'occasion de venir me voir. Mais en attendant ne me contacte pas, je ne veux pas me faire prendre, c'est moi qui te ferais signe une fois partie à l'étranger. Mais avant mon départ, j'attends que ce mec soit jugé définitivement. J'aimerais lui faire un petit coucou en prison et lui montrer qu'il ne faut pas jouer avec moi !

À bientôt de tes nouvelles ma poulette chérie !
Élo. »

- « je tiens à préciser que cette lettre date du 1 Août
2010, C'est justement quelques jours après cette date
que Bérénice a déménagé et m'a banni de Facebook. »

Suite à cette lecture, c'est la stupeur générale, et la
mère d'Élodie Grévin fera un malaise dans la salle.

Le président tape son maillet : la séance est levée, elle
reprendra le lendemain.

Chapitre 12 : Le procès, dernier jour

5 Juillet 2015 :

Après l'incident de la veille, le procès reprend sous
une tension extrême. Dans la salle, les parents d'
Élodie et de Bérénice pensent que Laurent Ournez
bluff depuis le début. Pourtant Maitre Villepart va
enfoncer le clou en appelant Bérénice à la barre.

Bérénice s'avance, elle a perdu en envergure, ce n'est
plus celle qu'avait connu Sébastien au rendez-vous,
mais une jeune fille frêle, recroquevillée, timorée, tête
baissée. Depuis le témoignage de Laurent, elle fait
figure d'accusé, et va se défendre sans grande

conviction.

Maitre Villepart :

- « mademoiselle, il est maintenant établi après
enquête, que la police d'internet a pu identifier
l'adresse ip de votre correspondance avec mon client,
qui ne se trouve pas chez vous à Sanary-sur mer, mais
en Polynésie Française, étrange coïncidence avec la
lettre lue par Laurent Ournez non ? »

En effet, Élodie n'avait pas pensé à être repéré, elle
pensait qu'en se trouvant loin et prendre les mots de
passe Facebook de Bérénice suffiraient pour se sentir
à l'abri. Elle a toujours été comme ça, insouciante,
superficielle, et ne voulant rien approfondir. À force
de vouloir faire les choses rapidement, elle s'est
retrouvée piéger. Son plan n'a pas été réfléchi du tout,
mais Bérénice va essayer tant bien que mal de
protéger son amie jusqu'au bout :

- « La lettre d' Élodie a très bien pu être écrite par une
amie de Laurent ! Vous savez il m'en voulait de
l'avoir quitté, donc pour me nuire il est prêt à raconter
n'importe quoi, et faire écrire une lettre par quelqu'un
d'autre ! et puis j'ai le droit de pas être à l'aise pour
parler derrière l'écran et de demander à une amie
Polynésienne de prendre ma place pour correspondre
avec un inconnu.
De parler de mon amie Élodie Grévin c'est de la folie,
elle est décédée en 2011, tout le monde le sait ! »

Malheureusement pour Bérénice, très naïve, elle va se

faire piéger par Maitre Villepart qui va bluffer pour qu'elle craque, et passe aux aveux :

- « écoutez nous verrons bien, de mon côté j'ai appelé le fournisseur d'accès afin qu'il me donne l'adresse postale liée à l'adresse ip, et un détective se trouve actuellement en Polynésie Française pour aller vérifier l'identité de cette personne. »

Cette démarche qui sera établie dans un avenir proche, ne l'est en fait pas encore. Mais elle a le mérite de faire avancer les choses grâce à cette fausse information.

En effet, au pied du mur, Bérénice fond en larmes et passe aux aveux. Entre quelques sanglots, elle minimise son rôle et fait maintenant porter le chapeau entièrement à Élodie :

- « écoutez, moi je n'y suis pour rien, alors oui, Élodie est bien vivante. Elle m'a avoué son faux suicide, sa nouvelle vie en Polynésie Française, elle voulait qu'on se partage l'argent de l'indémnisation de mon faux viol. C'est elle seule qui a eu cette idée, moi ça ne me regardait pas son histoire, elle voulait se venger de Sébastien, et qu'il retourne en prison, car elle craignait qu'il l'a retrouve. J'ai eu la faiblesse d'accepter de rentrer dans son plan par amitié, mais je me suis fais manipuler. Tout s'est passé très vite, elle a su s'y prendre avec moi, je ne me suis rendue compte de rien. »

- « merci mademoiselle de nous avoir enfin dis la vérité, il vous reste à expliquer comment vous avez piégé mon client pour le faux viol »

- « Élodie a pris mes mots de passe Facebook pour lui parler, moi je me suis juste montrée par caméra pour rassurer Sébastien sur mon identité. Ensuite elle m'a dis de m'habiller sexy, d'aller chez lui, de lui demander de ne pas fermer la porte à clef, de le caresser jusqu'à éjaculation, et d'avoir son sperme sur ma main . Puis, je devais lui dire d'aller dans sa salle de bain pour se nettoyer. Et enfin, je devais partir, trouver un coin discret pour déchirer mes vêtements afin de donner de la crédibilité et de simuler une agression sexuelle au commissariat. J'ai agi sur commande d'Élodie, je ne comprends toujours pas pourquoi j'ai pu rentrer dans cet engrenage. »

Après 3 jours de procès, les jurés se retirent.

Sébastien Rizon sera acquitté, blanchi et indemnisé de ces 4 ans passés en prison entre 2011 et 2015 et ses mois passés en préventive. Quant à Bérénice Delou, elle sera condamnée à 5 ans de prison avec sursis pour viol imaginaire et non dénonciation du faux suicide d'Élodie. Les jurés ont compris la manipulation d'Élodie envers Bérénice. Le bluff de Maitre Villepart est devenu réel car Élodie sera bien retrouvée grâce à l'adresse ip et au fournisseur d'accès. En effet, Celui-ci a l'obligeance de fournir l'adresse postale par commission rogatoire.

Par la suite, Élodie Grévin sera jugée à 5 ans de prison ferme pour suicide imaginaire et commanditaire du faux viol. Elle sera incarcérée à son tour à la prison des Beaumettes de Marseille.

Suite à cette terrible période pour Sébastien, il deviendra ami avec Laurent Ournez.
Il n'agira pas comme Élodie Grévin avait agi il y a 5 ans, il ne lui rendra pas visite en prison pour la narguer, il a trop peur de cette femme qui a souillé une partie de sa vie.

Sébastien n'a toujours pas trouvé l'amour mais a repris confiance en lui grâce aux nombreux messages d'internautes, qui ont changé de ton depuis qu'il a été blanchi et bien indemnisé suite à ses 4 ans de prison pour rien..
Élodie a pris 5 ans, sans remises de peine. Il n'a aucun risque de craindre sa sortie, elle ne peut désormais plus rien faire contre lui.
Sébastien, rassuré, commence enfin une nouvelle vie.

FIN

www.ingramcontent.com/pod-product-compliance
Lightning Source LLC
Chambersburg PA
CBHW072120280526
45788CB00006B/2569